SUR

UNE NOUVELLE MÉTHODE D'INTERPRÉTATION

DES DOCUMENTS JURIDIQUES

A PROPOS DE L'INSCRIPTION D'HENCHIR METTICH

PAR

ÉDOUARD CUQ

PROFESSEUR A LA FACULTÉ DE DROIT DE L'UNIVERSITÉ DE PARIS

(Extrait de la *Nouvelle Revue historique de Droit français et étranger* de Novembre-Décembre 1899.)

PARIS
LIBRAIRIE DE LA SOCIÉTÉ DU RECUEIL GÉNÉRAL DES LOIS ET DES ARRÊTS
FONDÉ PAR J.-B. SIREY, ET DU JOURNAL DU PALAIS
Ancienne Maison L. LAROSE & FORCEL
22, rue Soufflot, 22
L. LAROSE, Directeur de la Librairie

1900

SUR

UNE NOUVELLE MÉTHODE D'INTERPRÉTATION

DES DOCUMENTS JURIDIQUES

A PROPOS DE L'INSCRIPTION D'HENCHIR METTICH

La *Nouvelle Revue historique de droit français et étranger* a publié récemment une série d'articles sur une inscription trouvée en 1897 à Henchir Mettich, en Tunisie. L'auteur avait déjà donné, il y a deux ans, dans cette même Revue, le texte et un commentaire de cette inscription. Il a eu le mérite de déchiffrer, avec l'aide de MM. Cagnat et Gauckler, un texte d'une lecture difficile, mais son interprétation sur les points essentiels n'a pas été favorablement accueillie, pas plus en France (1) qu'en Italie et en Allemagne. Aussi a-t-il cru devoir la défendre, d'autant plus qu'il avait donné une large publicité à son premier travail, communiqué d'abord à l'Académie des inscriptions, puis imprimé simultanément dans les Mémoires de cette Compagnie et dans la présente *Revue*.

Cette défense n'était pas aisée. S'il ne s'était agi que de divergences sur la lecture de l'inscription, sur la restitution d'une partie mutilée, ou même sur la portée de telle ou telle phrase du nouveau document, il y aurait eu simplement matière à discussion. Trop souvent nous en sommes réduits à des conjectures sur bien des questions soulevées par l'étude des monuments antiques : il n'en est pas autrement pour l'inscription d'Henchir Mettich. On peut discuter par exemple sur la na-

(1) Notre regretté collègue, E. Beaudouin, dont nous déplorons la perte récente, avait d'abord accepté de confiance l'interprétation de M. Toutain : après examen, il l'a abandonnée sur presque tous les points (*Nouv. Revue historique de droit*, t. XXII, p. 58-59, 61-62, 67, 70).

ture de cette *lex Manciana* dont nous ne connaissons quelques dispositions que d'une façon indirecte ; sur les faits qui ont motivé l'intervention des procurateurs impériaux ; sur l'analogie plus ou moins grande qui existe entre l'emphytéose du Bas-Empire et le droit attribué aux colons qui mettent en valeur les terres incultes.

Les critiques adressées à M. Toutain avaient un tout autre objet : elles avaient trait à des erreurs commises sur des points de droit visés dans le nouveau document ou dans le commentaire qu'il en avait donné. M. Toutain était d'ailleurs fort excusable. Chargé d'une conférence sur les religions de la Grèce et de Rome, il lui est permis d'ignorer le droit. Ses « nouvelles observations » prouvent qu'il ne l'entend pas ainsi : il a fait le procès aux juristes qui voient des questions de droit là où il n'y a, suivant lui, que des faits historiques ; il a mis en cause leur méthode et pris contre eux des conclusions.

C'est en effet sur le terrain de la méthode à suivre dans l'interprétation de notre inscription que l'auteur a transporté le débat. C'est là qu'il se sent mieux en position pour se justifier. S'il est seul de son opinion, c'est qu'il a seul appliqué les règles de la méthode historique. Les juristes qui l'ont combattu se sont laissé influencer par des habitudes d'esprit fâcheuses ; ils ont eu le tort d'employer une méthode bonne tout au plus pour expliquer les articles d'un Code, mais dangereuse dès qu'il s'agit d'interpréter un document historique (1).

Cette prétention est-elle fondée ? Cet essai de justification doit-il être pris en considération ? C'est ce que nous nous proposons d'examiner. Nous n'avons pas besoin de nous excuser auprès des lecteurs de cette *Revue* de revenir sur un docu-

(1) P. 289 [39 du tirage à part], 290 [40], 311 [60]. « Il nous semble que M. Schulten a été induit en erreur par sa passion exagérée pour l'analogie, et MM. Cuq et Beaudouin par leur désir de trouver sous les moindres faits un droit précis... Professeurs de droit romain, ils ont interprété le document que nous étudions, comme ils ont l'habitude d'interpréter les textes des Codes ou du Digeste. Les faits n'existent à leurs yeux que s'ils sont l'expression concrète des droits (p. 310) ». E. Beaudouin n'est plus là pour répondre ; mais notre collègue de l'Université de Rome, M. Scialoja, qui est mis en cause avec M. Schulten (p. 150 [14]) ne sera pas en peine pour apprécier la méthode de M. Toutain.

ment dont on leur a déjà longuement parlé : les questions de méthode présentent un intérêt général, très supérieur à celui des faits qui les ont provoquées. C'est l'avis de M. Toutain (1), et sur ce point nous sommes d'accord avec lui. Lorsqu'on étudie un monument antique, il est bon de vérifier si, pour la solution des problèmes qu'il soulève, on s'est conformé aux règles d'interprétation que comporte la nature du document. C'est la meilleure pierre de touche pour apprécier la justesse de l'explication proposée. On peut disputer sur les détails, mais il est des règles dont on ne peut s'écarter sans tomber dans le domaine de la fantaisie.

Nous suivrons donc M. Toutain sur le terrain qu'il a choisi. A son avis, il y a une différence essentielle entre la méthode qui convient à l'interprétation de l'inscription d'Henchir Mettich et celle dont les juristes font usage. « La méthode historique, dit-il,(2) est ici profondément différente de la méthode qui convient aux recherches de droit. Un texte juridique a par essence une portée générale; un texte historique est au contraire particulier. D'un seul article des Codes, d'un seul paragraphe du Digeste, on peut tirer une conclusion générale; il faut au contraire de très nombreux documents historiques pour étayer une conclusion de même espèce ».

M. Toutain commet ici une double confusion entre la nature des dispositions écrites dans les Codes modernes et celle des fragments insérés au Digeste, entre la méthode applicable au droit moderne et celle que l'on suit aujourd'hui pour l'étude des législations antiques et en particulier pour celle de la législation romaine. Tandis que les Codes modernes contiennent d'ordinaire des règles abstraites et par suite d'une portée générale, les textes du Digeste sont pour la plupart relatifs à des faits concrets, à des espèces empruntées à la pratique et sur lesquelles les jurisconsultes ont été appelés à donner leur avis. M. Toutain est donc mal informé lorsqu'il prétend qu'un texte juridique antique a par essence une portée générale.

Il est vrai qu'au moyen âge on se faisait du Digeste une idée

(1) T. XXIII, p. 412-413 [73].
(2) P. 413 [74].

semblable à celle que nous présente M. Toutain : on le considérait, ainsi que le Corps de droit dont il fait partie, comme une sorte de Code, et on l'observa, sous le nom de droit écrit, dans une partie de notre ancienne France. Mais dès le milieu du XVIe siècle, Cujas démontra l'erreur des anciens, et inaugura l'étude historique des fragments réunis au Digeste, replaçant les faits qu'ils prévoient dans le milieu où ils se sont accomplis, restituant à chaque jurisconsulte les décisions qui lui sont propres, cherchant à reconstituer sa doctrine individuelle et à faire ressortir les variations de la jurisprudence depuis la fin de la République jusqu'au temps de Justinien. En un mot Cujas nous a enseigné à voir dans un fragment du Digeste, non plus un article de loi, mais un avis exprimé par un jurisconsulte à l'occasion d'un fait particulier, avis qu'il faut bien se garder de généraliser, à moins de constater que tous les jurisconsultes de la même époque, ou tout au moins la plupart d'entre eux, l'ont accueilli à titre de *sententia recepta*. Telle est la méthode proposée par Cujas : elle ne diffère en rien de la méthode historique. Les romanistes contemporains s'efforcent de la suivre dans leurs écrits et dans leur enseignement. Ils en ont plus d'une fois donné la preuve dans cette *Revue* et ailleurs. On a le droit de s'étonner que M. Toutain soit assez étranger au mouvement scientifique de notre temps pour croire que nous en sommes encore à la méthode scolastique.

L'emploi de la méthode historique, pour l'explication des documents juridiques latins ou grecs de la fin de la République et des six premiers siècles de l'empire, est singulièrement facilité par le nombre considérable de documents particuliers que nous fournissent les compilations de Justinien. Il est bien rare que sur une question donnée, on ne trouve quelque texte à rapprocher de celui dont on cherche l'explication. Est-ce le cas pour l'inscription d'Henchir Mettich? La réponse dépend de la nature du document qu'elle renferme. Si nous avons affaire à un document juridique, nous avons le devoir de le confronter avec les documents analogues que nous trouverons au Digeste. Dans le cas contraire nous n'aurons garde de nous en servir : nous laisserons la parole aux littérateurs.

Quelle est sur ce point l'opinion de M. Toutain? Elle a varié.

En 1897, dans sa première étude, le caractère juridique de l'inscription apparaît à chaque page. « C'est, dit l'auteur (1), une *lex* évidemment destinée à fixer la situation réciproque (des parties en présence) et leurs obligations respectives... Ce règlement fixe en même temps que les droits des propriétaires du *fundus* la situation nouvelle qui résulte de la création de ce *fundus* pour le territoire au milieu duquel il est institué et pour les anciens habitants du pays (2)... Ce document épigraphique éclairerait d'un jour nouveau l'histoire de la propriété agricole dans l'Afrique romaine (3)». Enfin l'auteur cherche dans notre *lex* la réponse à cette question : « Quelles seront les relations de droit qui existeront désormais, entre eux (les anciens possesseurs du sol) et le sol cultivé par eux » (4)?

M. Toutain paraissait si convaincu, il y a deux ans, du caractère juridique de notre inscription, qu'il a choisi une Revue de droit pour y insérer son mémoire. Cette insertion semblait d'autant plus naturelle que les textes juridiques, dont l'auteur fait aujourd'hui si peu de cas, étaient par lui fréquemment cités (5). On pouvait si aisément se méprendre sur ses intentions, que la *Revue de philologie*, se fiant aux apparences, l'a présenté à ses lecteurs comme « un juriste consommé (6) ».

Les « nouvelles observations » de notre auteur sont conçues à un point de vue tout différent : elles ont pour but de démontrer que l'inscription d'Henchir Mettich n'a aucun caractère juridique. Par suite la méthode que l'auteur croit être celle des juristes doit être écartée, et les juristes, qui ont rectifié quelques-unes de ses assertions, doivent être récusés en raison de leur incompétence.

§ 1.

La démonstration tentée par l'auteur a une qualité qu'on ne saurait lui dénier, celle de l'originalité. Il établit d'abord que

(1) T. XXI, p. 391.
(2) P. 392.
(3) P. 393.
(4) P. 398.
(5) P. 385, 388, 396, 397, 399, 407, 408.
(6) 1899, p. 104.

notre inscription contient le texte non pas d'une loi, mais d'un « règlement ou contrat » sur l'exploitation d'un domaine. « Il nous semble, dit-il (1) qu'il n'est pas possible de ne pas rapprocher notre *lex* des *leges locationis* ou autres insérées par Caton dans son traité ou mentionnées au Digeste. Par sa teneur même, la *lex fundi Villae Magnae* se classe au nombre de ces règlements d'exploitation ».

L'auteur nous attribue une opinion contraire, mais il a confondu ce que nous avons dit sur la *lex Manciana* avec notre manière de voir sur le règlement des procurateurs. Nous avons écrit dans notre Mémoire sur *le colonat partiaire* (2) : « Si notre *lex* n'est pas une *lex locationis*, elle en tient lieu sur tous les points réglés par les procurateurs. Elle contient l'ensemble des conditions que le bailleur est autorisé à imposer aux colons. Ces conditions sont tacitement acceptées par ceux qui consentent à rester sur le fonds. Nous trouvons donc ici la double manifestation de volonté requise pour la formation du contrat ». Donc aucune divergence, à notre point de départ (3).

Mais alors comment refuser le caractère juridique à un document qu'on est d'accord pour rapprocher des *leges locationis* mentionnées au Digeste? Tout simplement parce que M. Toutain s'est fait du document juridique une notion qui lui est personnelle. Un document juridique est pour lui « une loi, un édit, un article de code ou un commentaire de jurisconsulte (4) ». M. Toutain confond un document juridique avec un document législatif! Il ne se doute pas qu'un document, qui règle un rapport de droit entre deux ou plusieurs personnes, est aussi un document juridique. Que le règlement émane du législateur ou qu'il soit l'œuvre de particuliers, il n'importe. Tous les jours, à

(1) P. 143 [7].

(2) Extrait des *Mémoires présentés par divers savants à l'Académie des Inscriptions et Belles-Lettres*, 1re série, t. XI, 1re partie, 1897, p. 116 [36].

(3) A parler exactement la *lex data* n'est pas le contrat lui-même, puisque tout contrat suppose un accord de volontés entre les parties : or la *lex* est ici un acte unilatéral. La distinction de la *lex contractus* et du contrat ressort nettement des chap. 63 et 64 de la *lex Malacitana : De locationibus legibusque locationum proponendis*. Mais, dans un sens large, on peut l'identifier avec le contrat, comme le font Paul. 2 Sent. D. XIX, 2, 55, 2; 4 ep. Alf. D. XVIII, 1, 40 pr.; Ulp. 5 ad Ed. D. II, 4, 10, 1.

(4) P. 158 [22].

Rome comme chez nous, de simples citoyens rédigeaient, pour régler leurs rapports d'affaires, des documents juridiques. M. Toutain lui-même a dû plus d'une fois, comme le personnage de Molière qui faisait de la prose sans le savoir, signer, sans s'en douter, des documents juridiques.

L'erreur qu'il a commise est d'autant plus surprenante qu'il lui aurait suffi d'ouvrir les *Fontes juris* de Bruns pour se convaincre qu'un document juridique est souvent autre chose qu'une loi, un édit ou un commentaire de jurisconsulte. Sous la rubrique *Negotia*, il aurait trouvé une centaine de pages consacrées à des documents (ventes, louages, donations, etc.) qui n'ont rien de législatif. A défaut de Bruns, le Recueil des inscriptions juridiques grecques, publié par MM. Dareste, Haussoullier et Reinach, lui aurait fourni, sous la rubrique *Actes et contrats*, de nombreux exemples d'actes analogues.

Si l'inscription d'Henchir Mettich contient un document juridique, un fragment d'une *lex locationis*, voir dans les clauses qu'elle renferme l'expression d'un droit, ce n'est pas, comme le prétend M. Toutain (1) de l'obstination : c'est se conformer à cette règle de bon sens qui prescrit d'interpréter un texte *secundum subjectam materiam*. Si l'on fait un règlement, c'est pour déterminer les droits et obligations des parties contractantes. On admettra difficilement que dans une *lex data*, rédigée par des procurateurs de l'empereur, on emploie des termes dans un sens autre que leur sens technique. Ce serait créer à plaisir des difficultés qu'une terminologie précise a pour but d'éviter. Le bailleur a tout intérêt à s'exprimer clairement, car il est de principe que les clauses obscures s'interprètent contre lui (2).

« Mais, dit M. Toutain (3) tout n'est pas juridique dans la vie des peuples. Nous ne pouvons pas nous résoudre à croire qu'en toute matière, à propos de tout événement les habitants de l'empire se souciaient du droit; que toute relation de fait entre des personnes de condition différente était régie par un

(1) P. 158 [22].

(2) Papin. 5 quaest. D. II, 14, 39 : *Veteribus placet, pactionem obscuram vel ambiguam venditori, et qui locavit, nocere; in quorum fuit potestate legem apertius conscribere.*

(3) P. 154 [18-19].

contrat conforme aux lois, aux édits, à la jurisprudence, en un mot, nous ne pensons pas que tout document historique, doive être interprété comme une loi, comme un article de Code, comme une phrase de jurisconsulte ».

Ce scrupule peut être aisément dissipé. C'est l'un des mérites des jurisconsultes romains d'avoir donné à la théorie des contrats une souplesse qui permet de l'accommoder à tous les besoins de la pratique. Ils ont proclamé le principe de la liberté des conventions, et c'est grâce à cette liberté que le joug du droit fut si léger en cette matière. Mais les contractants eussent été bien mal avisés de ne pas se soucier du droit : ils auraient fait un acte nul, et alors à quoi bon le faire graver sur pierre pour en perpétuer le souvenir? Les Romains étaient si désireux de prévenir toute difficulté, qu'ils faisaient usage de formulaires où se trouvaient réunies toutes les clauses, dont l'expérience avait fait reconnaître l'utilité. Ces formulaires ont sans aucun doute varié suivant les époques et les exigences de la pratique. Les parties avaient toujours la faculté d'écarter telle ou telle disposition par une convention spéciale, mais le plus souvent elles se bornaient à reproduire les clauses traditionnelles. Il en était de même en droit public pour les *leges censoriae :* elles étaient pour ainsi dire stéréotypées (1), et formaient une *consuetudo* (2). Les magistrats pouvaient bien en modifier quelque clause sur la demande des futurs adjudicataires (3), mais les changements qu'ils introduisaient de leur propre initiative étaient vus avec défaveur (4). Les rédacteurs de notre *lex* ont eu pareillement la volonté de se conformer aux précédents : nous ignorons s'ils ont eu à leur disposition un formulaire (5), mais nous savons par leur dé-

(1) Les clauses relatives à un cas particulier sont présentées comme des additions au contrat-type. Cic. Verr. I, 55, 143 : *Vides in multis veteribus legibus : Cn. Domitius L. Metellus censores addiderunt.*

(2) *Ibid.*, I, 54, 142; III, 6, 15.

(3) Liv. XXIII, 49.

(4) Cic. Verr. III, 7, 16,

(5) Certaines tournures de phrases se retrouvent dans des documents bien connus. La première clause de notre *lex* (*Qui eorum [i]ntra fundo Villae Magnae Variani... eis eos agros qui subcesiva sunt excolere permittitur lege Manciana*) rappelle une disposition de la *sententia Minuciorum* de 637 : *Quei intra eos fineis agrum possedet Genuas aut Viturius, quei eorum possedeit...,*

claration que la *lex* a été *data ad exemplum legis Mancianæ*.

En présence d'un usage aussi constant, lorsque nous avons à interpréter un document nouveau contenant un règlement entre des personnes ayant des intérêts différents, notre premier soin doit être de rechercher en quoi les clauses de ce contrat se rapprochent ou s'écartent de celles que nous connaissons déjà. Le Digeste nous offre à cet égard, et en abondance, des termes de comparaison. S'interdire tout rapprochement avec les exemples concrets qu'il renferme, c'est se priver sans motif d'une source d'informations des plus précieuses, et substituer au témoignage des contemporains des hypothèses sans fondement.

On saisit maintenant l'erreur initiale commise par M. Toutain dans ses « nouvelles observations » : il a cru pouvoir se justifier en soutenant qu'il n'avait pas affaire à un document juridique. Il ne s'est pas aperçu que, pour défendre cette thèse tout au moins paradoxale, il était obligé de nier l'évidence en s'appuyant sur une définition du document juridique que nul ne saurait accepter.

Nous pourrions nous en tenir là : on est déjà fixé sur la valeur de la méthode proposée. Nous croyons cependant qu'il n'est pas inutile de montrer comment une erreur en engendre d'autres, et à quel point on peut s'égarer lorsqu'on s'aventure sur un terrain que l'on connaît imparfaitement.

§ 2.

La *lex data* de notre inscription contient, de l'aveu de M. Toutain (1), les clauses d'un contrat, et ce contrat règle les rapports entre le propriétaire ou ses ayants cause et les colons chargés de la culture. Une question s'impose, celle de savoir quelle est la nature de ce contrat. Aucun doute n'est possible : les colons paient une redevance consistant en une part

eos ita posidere colereque liceat (*C.I.L.*, V, 7749). Dans les deux cas la permission de cultiver est réservée à ceux qui résident *intra fundo* ou *intra eos fineis*. — La locution *qui eorum* se retrouve également au début de la loi Falcidie de l'an 714 : *Qui cives Romani sunt, qui eorum post hanc legem rogatam testamentum facere volet* (D. XXXV, 2, 1 pr.).

(1) P. 150 [14].

de fruits. Il s'agit donc d'un contrat de louage, de l'espèce désignée par Gaius sous le nom de colonat partiaire (1). Les contractants sont dans les rapports de bailleur à preneur. Telle est la conclusion nécessaire du point de départ admis par M. Toutain.

Pourtant il fait de grands efforts pour l'écarter. Le mot *colonus*, dit-il (2), a eu deux sens : jusqu'au IVe siècle de notre ère, il désigne un cultivateur en général ; après, il s'applique aux membres d'une classe sociale intermédiaire entre les hommes libres et les esclaves, il devient un terme de droit. Donc « le sens courant, le seul connu à l'époque de notre *lex*, n'implique absolument aucune limitation d'ordre juridique ». C'est une erreur : si le mot *colonus* n'implique par lui-même aucune limitation, il reçoit un sens spécial lorsqu'on l'oppose à *dominus* ou à *conductor* (3). Il désigne alors la contre-partie du bailleur dans un contrat de louage. Tel est le sens exclusif qu'on lui donne dans toutes les *leges locationis* depuis Cicéron (4).

(1) On croyait jadis que de tout temps à Rome, dans le louage comme dans la vente, le prix devait nécessairement consister en argent. Telle est en effet la doctrine qui a prévalu au Bas-Empire : elle fut étrangère à l'ancien droit et au droit classique. Notre collègue de l'Université de Pavie, M. Ferrini, a établi que la doctrine du Bas-Empire est due à une fausse interprétation de Gaius (III, 192) et d'Ulpien (30 ad Ed. D. XVI, 3, 1, 9.) (*Archiv f. civ. Pr.*, t. LXXXI, p. 1). Quant au texte de Paul (5 quaest. D. XIX, 5, 5, 2), il a été manifestement interpolé. Cf. Gradenwitz, *Interpolationen*, p. 132 ; Ferrini, p. 19.

(2) P. 155 [19].

(3) Ou même à *colonus*. Un colon peut se décharger de la culture en traitant avec un autre colon. Le *colonus coloni* sera un sous-locataire : le propriétaire devra le protéger, comme le locataire lui-même, contre les actes de violence commis par des tiers (Lab. 3 Pith. a Paulo ep. D. XLIII, 16, 20).

(4) Les preuves abondent : Cicéron (p. Caec. 32) : *qui colonus habuit conductum de Caseennia fundum... Caecina cum circuiret praedia venit in istum fundum, rationes a colono accepit.* — Servius (ap. Ulp., 32 ad Ed. D. XIX, 2, 15, 2) : *Servius omnem vim, cui resisti non potest, dominum colono praestare debere.* — Varron (*de Re rust.*, II, 3, 7) : *In lege locationis fundi excipi solet, ne colonus capra natum in fundo pascat.* — Alfen. Varus (3 Dig. a Paulo ep. D. XIX, 2, 30, 4) : *Colonus villam hac lege acceperat ut incorruptam redderet praeter vim ac vetustatem.* — Labéon (5 Poster. a Javol. ep. *eod.* 60, 1) : *Heredem coloni quamvis colonus non est, nihilominus domino possidere existimo.* — Sabinus (ap. Gell. XI, 18, 13) : *Condemnatum furti colonus, qui*

La condition juridique du cultivateur qui accepte les clauses d'une *lex locationis* et s'engage à payer une redevance est donc celle d'un locataire. L'erreur commise par M. Toutain vient de ce qu'il a confondu une condition juridique avec une condition sociale. Une condition sociale peut être en même temps une condition juridique : c'est le cas du colon au Bas-Empire. Une condition juridique peut n'être pas une condition sociale : c'est le cas des colons libres aux premiers siècles de l'empire, c'est aussi le cas des locataires de nos jours.

§ 3.

Notre jeune collègue a montré la même inexpérience lorsqu'il a voulu caractériser la situation des colons qui mettent en valeur les *subseciva*. Il affirme (1) qu'on a mal interprété sa pensée en disant qu'il les considère tantôt comme des usagers, tantôt comme des usufruitiers ou des cultivateurs partiaires. Or, il reconnaît avoir écrit : « En fait les anciens possesseurs du sol continueront à l'exploiter, à en récolter les produits, et ils partageront ces produits avec le nouveau propriétaire ou leurs représentants. En droit ils ont certainement l'*usus* du sol » ; et plus loin : « cet *usufruit* laissé aux anciens possesseurs n'est que partiel ou encore grevé de charges ».

Il y a plus : il ne se contente pas de dire que les colons ont l'usufruit, il en tire des conséquences, en invoquant la règle sur l'extinction de l'usufruit par la mort de l'usufruitier ou par le non-usage (2). De même, il ne se borne pas à donner au

fundo, quem conduxerat, vendito, possessioneve ejus dominium intervertisset. — Cassius (ap. Jul. 4 ex Min. *eod.* 32) : *Qui fundum colendum in plures annos locaverat decessit et eum fundum legavit, Cassius negavit posse cogi colonum ut eum fundum coleret.* — Columelle (I, 7) : *Dominus... comiter agat cum colonis... Avarius opus exigat quam pensiones... Sed nec dominus in unaquaque re, cum colonum obligaverit, tenax esse juris sui debet... Rem malam esse frequentem locationem fundi.* — Senèque (*De benef.*, VI, 4) : *Colonum suum non tenet, quamvis tabellis manentibus, qui segetem ejus proculcavit, qui succidit arbusta : non quia recepit quod pepigerat sed quia ne reciperet effecit.* Neratius (ap. Ulp. 32 ad Ed. D. XIX, 21, 19, 2) :... *Si quis fundum locaverit... dolia utique colono esse praestanda.* — Cf. Javolen., 5 ex Poster. Lab. D. XXXIII, 2, 42.

(1) P. 157 [21].

(2) T. XXI, p. 399.

mot *usus* le sens spécial que les jurisconsultes attribuent à ce mot lorsqu'il désigne la servitude personnelle d'usage : il applique au droit des colons la règle caractéristique de cette servitude. « L'*usus* d'un fonds, dit-il (1), ne peut ni se vendre, ni se louer, ni se donner, ni se transmettre en aucune façon, ni par conséquent se léguer, il est absolument personnel à l'*usuarius* C'est là le caractère sur lequel insiste notre texte ».

Et notre auteur affirme (2) qu'il n'a jamais employé l'expression servitude personnelle d'usage ! Il a fait bien mieux : pour qu'on ne s'y trompe pas, il l'a désignée par le trait, qui permet de la reconnaître entre tous les autres droits qu'on peut avoir sur une chose, qui convient à elle et qui ne s'applique à aucune autre.

Ce qu'il y a de piquant, c'est que M. Toutain qui se défend (3) d'avoir donné aux mots usager ou usufruitier le sens qu'ils avaient dans la langue des jurisconsultes du temps de l'empire, emprunte (4) à ces mêmes jurisconsultes la signification qu'il attribue au mot *usus*. Par une contradiction singulière, il tient à donner à ce mot le sens spécial et technique qu'il a reçu à l'époque classique, alors que nous avons émis l'avis qu'il devait être pris dans son acception générale et plus ancienne. M. Toutain ne commet-il pas ici la faute qu'il reproche aux juristes, celle de faire dire aux textes plus qu'ils ne contiennent ? Tandis que les textes donnent au mot *usus* une certaine signification lorsqu'il s'applique à la servitude d'usage, l'auteur n'hésite pas à affirmer qu'il doit en être de même quand il n'est plus question de servitude.

Vainement l'auteur allègue-t-il, que « sur ce point comme sur tant d'autres, sa recherche portait sur un fait et non sur un droit (5). » Raison de plus pour exclure le sens qui est spécial au droit d'usage ! Il nous avertit, il est vrai, de ne pas confondre la langue juridique avec la langue courante : nous

(1) T. XXI, p. 397. Cf. t. XXIII, p. 160 [24].

(2) P. 162 [26].

(3) P. 157 [21].

(4) P. 160, 162 et 166 [24, 26 et 30].

(5) Il n'était pas de cet avis en 1897. A cette date il prétendait fixer « les relations de droit qui existeront désormais entre les colons et le sol cultivé » (t. XXI, p. 398). Aujourd'hui il ne s'agit que « des relations de fait » (t. XXIII, p. 155 [19]).

le voulons bien, s'il est entendu que la langue courante est celle que parle M. Toutain, et non celle des Romains.

Le mot *usus* comporte en effet une double acception : il désigne tantôt la servitude personnelle d'usage, tantôt les avantages de fait que procure la propriété. Dans ce dernier sens, celui qui a l'*usus* est dans une situation analogue à celle que les jurisconsultes classiques appellent possession (1). C'est une situation de fait analogue à l'état de droit qu'implique la propriété. Cette acception large ressort par exemple d'un passage du traité *de religionibus* de Trebatius : *Trebatius profanum id proprie dici ait, quod ex religioso vel sacro in hominum usum proprietatemque conversum est* (2). Q. Mucius et son annotateur Pomponius entendent de même l'expression *usus proprius. Q. Mucius ait : Si paterfamilias uxori... ita legavit : quod ejus causa emptum paratumve esset... id videtur demonstrasse quod* proprio usui *uxoris comparatum sit* (3). Le jurisconsulte oppose ici les biens acquis *proprio usui* à ceux qui sont affectés *communi usui* (4). C'est en ce sens qu'il est pris dans notre inscription. M. Toutain n'est pas de cet avis : il invoque (5) l'autorité de M. Schulten qu'il conteste sur tant d'autres points. Il n'a pas pris garde que, longtemps avant la publication des « nouvelles observations », M. Schulten, avait abandonné une opinion dont l'inexactitude lui a été démontrée (6).

(1) M. Toutain consacre une page entière (p. 165 [29]) à essayer d'écarter un texte de Javolenus que nous avons cité. En voici un autre du même jurisconsulte : *Quoties via aut aliquid jus fundi emeretur... ego puto usum ejus pro juris traditione possessionis accipiendum esse.* (5 Poster. Lab. D. VIII, 1, 20). L'usage du droit est considéré comme équivalent à la remise de la possession. Cf. Scaev. 3 Resp. D. XXXI, 88 pr. : ... *Si quid cuique liberorum meorum... in usum concessi.*

(2) Macrob., Sat. III, 3.

(3) Pomp. 5 ad Q. Muc. D. XXXIV, 2, 10. Paul dit également (72 ad Ed. D. XLV, 1, 83, 5) : *Nam de his rebus recte negotium geremus quae subjici usibus dominioque nostro statim possunt.* Cf. Ulp. 7 ad l. Jul. et Pap. D. L, 16, 139, 1 ; Pap. 12 Resp. *Vat. fr.* 265.

(4) Cf. Sabin. ap. Ulp. 22 ad Sab. D. XXXII, 45 : ... *Quod ejus causa parata sint, hanc interpretationem obtinuit, quod magis uxoris causa, quam communis promiscuique usus causa paratum foret.*

(5) P. 160 [24].

(6) Voir l'article de M. Schulten dans *Berliner Philologische Wochenschrift* (2 juillet 1898, n° 27, p. 854) : « Diese historische Interpretation der juris-

§ 4.

M. Toutain n'est pas plus heureux pour caractériser la situation des colons qui occupent les *villae dominicae*. Il corrige le texte sans nécessité et refuse de voir dans l'expression *qui in fundo villas habent dominicas* une allusion à des locataires. « Comment, dit-il (1), ces locataires pourraient-ils être tenus de livrer une part des fruits récoltés par eux à d'autres *conductores* »? Et il conclut gravement : « Il y a là trop d'invraisemblances ». Ce qui est invraisemblable, c'est que M. Toutain ne se doute pas qu'un locataire, qui paie une redevance à un autre locataire, est un sous-locataire.

§ 5.

Notre inscription contient une clause qui a attiré l'attention de tous ceux qui se sont occupés de ce document (2), à l'exception de M. Toutain : c'est celle qui accorde aux colons un droit sur la terre qu'ils ont défrichée. Cette clause rappelle, par la condition à laquelle elle est subordonnée, l'emphytéose du Bas-empire. Elle présente aussi avec ce droit plusieurs analogies que nous avons signalées (3). Assurément analogie n'est pas identité : nous n'avons pas ici un contrat fait exclusivement en vue de la mise en valeur d'une terre inculte. Ce qui, pour l'emphytéote, est une obligation est, pour nos colons, une faculté. Il n'en est pas moins remarquable de trouver, au début du IIe siècle, dans un règlement applicable à un grand domaine africain, une clause présentant plusieurs traits communs avec un droit qui devait recevoir plus tard une si large extension.

Si M. Toutain n'a pas aperçu ces ressemblances, c'est la

tischen Termini, die Methode, die lex Manciana mit den gleichzeitigen Juristen zu vergleichen und nicht ohne weiteres eklectisch zu verfahren, ist ein Fortschritt in der Interpretation des schwierigen Textes, den festzustellen mir, der ich Cuq's vortrefflicher Arbeit manche Belehrung verdanke, eine angenehme Pflicht ist ». Cf. Beaudouin, *Nouv. Rev. hist.*, t. XXII, p. 742 [347].

(1) P. 169 [33].

(2) Cf. Dareste, *Journal des savants*, 1899, p. 480.

(3) Cf. notre *Mémoire*, p. 23.

suite de l'erreur initiale qu'il a commise. Il écarte toute analogie entre l'inscription d'Henchir Mettich et celle de Thisbé parce que « le contrat conclu à Thisbé est une sorte de location... Rien de pareil n'existe dans le *fundus Villae Magnae* » (1). Et plus loin (2) : « il n'y a point de contrat préalable entre le propriétaire du domaine et le *colonus* ». M. Toutain devrait se mettre d'accord avec lui-même : il établit p. 6 [142] que notre *lex* est un contrat; il affirme p. 55 [305] que cette même *lex* n'est pas un contrat. Bien mieux, il soutient que « il ne peut même pas y avoir de contrat puisque les propriétaires ou leurs représentants ne savent pas d'avance qui défrichera telle ou telle parcelle de terre inculte ». Mais dans les *leges locationis* rédigées par les censeurs, est-ce que le magistrat connaît d'avance l'adjudicataire? Cependant la *lex censoria* lie cet adjudicataire.

M. Toutain ne paraît pas non plus se représenter exactement la situation de l'emphytéote au Bas-Empire. Il pense que l'emphytéote qui paierait sa redevance, même sans cultiver sa terre remplirait ses engagements, et qu'il n'existe d'autre mode d'extinction que le non-paiement de la redevance (3). Il oublie d'une part que, dans un contrat consensuel, chacun des contractants doit agir de bonne foi, d'autre part que, dans l'emphytéose ecclésiastique, le propriétaire est autorisé à reprendre sa chose si elle n'est pas maintenue en bon état par l'emphytéote (4).

§ 6.

Nous n'avons pas parlé jusqu'ici d'un point que M. Toutain considère comme capital pour l'interprétation de notre document : c'est celui de savoir quels faits motivèrent l'intervention des procurateurs. Notre intention n'est pas en effet de rouvrir le débat sur des questions qui peuvent être matière à discussion : nous voulons simplement montrer la valeur des arguments produits par notre auteur. Mais pour ne pas faire de la critique purement négative, nous saisirons cette occasion

(1) P. 303 [53].
(2) P. 305 [55].
(3) P. 307 [56 et n. 3].
(4) *Nov.* CXX, c. 8.

pour appeler l'attention sur quelques points qui n'ont pas été suffisamment remarqués, soit quant à la rédaction de notre *lex*, soit quant au caractère de la *lex Manciana*.

D'après M. Toutain, notre *lex* aurait été rédigée lors de l'aliénation d'un domaine impérial au profit d'un particulier. « Lorsque, par l'effet d'une donation, d'une vente ou d'une concession (?), ce domaine devint une propriété privée, il est naturel que les procurateurs se préoccupent d'eux (les paysans résidant sur le fonds et qui le mettent en valeur) dans le contrat qui intervient alors, pour bien déterminer les conditions auxquelles ils seront désormais soumis... Ces stipulations se rapprochent assez, suivant nous, des stipulations que certains contrats renferment en faveur de tiers et qui peuvent être considérées comme des charges imposées à un acheteur ou à un donataire en faveur de ce même tiers (1) ».

Cette opinion est généralement repoussée (2); notre *lex* est considérée comme relative à un domaine impérial. Les procurateurs informent les colons du domaine récemment acquis par l'empereur qu'ils seront soumis au régime de la *lex Manciana*. Quelle que soit la vérité sur ce point, le document n'en conserve pas moins son intérêt quant à la situation faite aux colons, tout au moins dans une région de l'Afrique. Si M. Toutain le conteste, c'est qu'il tient à ce que l'on traite notre document comme entièrement nouveau « et tel qu'il n'en a pas encore été découvert (3) ».

M. Toutain se fait illusion s'il pense avoir ainsi mis son interprétation à l'abri de la critique. Si notre *lex* est une *lex fundi venditi*, les termes de comparaison ne font pas défaut. Sans doute, en vertu du principe de la liberté des conventions, le vendeur peut imposer, l'acheteur accepter telle ou telle clause réglant leurs rapports personnels; mais il en est que la loi, s'inspirant de l'intérêt général, ne leur permet pas d'insérer dans le contrat. Ce sont ces restrictions à la liberté des parties que les textes ont soin de nous faire connaître. Nous savons par exemple qu'en vendant un fonds on ne peut modifier le

(1) P. 149, 150 [13, 14].

(2) Elle n'a été accueillie que par E. Beaudouin (*loc. cit.*, t. XXII, p. 40 [118]) : le seul argument qu'il ait invoqué est tiré de la présence du mot *domini*.

(3) P. 152, 153 [16, 17].

régime applicable aux *conductores* ou aux colons pendant la durée de leur bail (1). Si donc notre *lex* a été rédigée lors de la vente d'un domaine impérial au profit d'un particulier, elle a dû, quant aux rapports de l'acheteur avec les colons, reproduire les clauses appliquées à ce domaine, alors qu'il était la propriété de l'empereur.

Mais ce n'est pas seulement pour la durée du bail que notre *lex* fixe la condition des colons : elle dispose d'une manière générale et sans indication de terme. D'où l'objection formulée par M. Schulten : le règlement des procurateurs contiendrait des clauses incompatibles avec les droits de l'acheteur ; il lui serait interdit, dans l'avenir comme dans le présent, de fixer à son gré les redevances imposées aux colons.

Mais, répond M. Toutain (2), « alors il faut faire la même objection à toutes les stipulations que des actes de donation ou des contrats de vente pourraient renfermer à la charge de l'acheteur ou du donataire. Est-ce que, d'autre part, l'obligation pour certains propriétaires de laisser des tiers traverser leur propriété n'est pas, elle aussi, une restriction au droit de propriété? Cependant il est certain que cette obligation existait à l'époque romaine ».

M. Toutain confond des droits très différents, une servitude de passage et un droit de créance. Nos colons ne peuvent être comparés ni au bénéficiaire d'une stipulation pour autrui, ni au titulaire d'un droit de passage : les stipulations pour autrui sont nulles (3), et il n'y a pas ici les éléments d'un droit réel. Celui qui vend une terre peut et doit imposer à l'acheteur l'obligation d'entretenir le bail consenti avant la vente et pour le temps restant à courir. Il ne peut lui lier les mains indéfiniment. L'obligation même contractée par l'acheteur ne l'empêche pas

(1) Gai. 10 ad Ed. prov. D. XIX, 2, 25, 1 : *Qui fundum fruendum vel habitationem alicui locavit, si aliqua ex causa fundum vel ædes vendat, curare debet ut apud emptorem quoque eadem pactione et colono frui, et inquilino habitare liceat; alioquin prohibitus is aget cum eo ex conducto.*

(2) P. 150 [14].

(3) M. Toutain cite la donation de Syntrophus (*C. I. L.*, VI, 10239). Il n'a pas remarqué qu'elle contient une clause pénale : c'est la condition nécessaire pour donner effet à une stipulation pour autrui. Rien de pareil dans notre inscription.

d'expulser le colon (1), sauf à payer des dommages-intérêts au vendeur. A plus forte raison est-elle sans valeur vis-à-vis des sous-acquéreurs du domaine; ils ne sont pas responsables d'un engagement personnel pris par leur auteur : *Res inter alios acta aliis nec nocet nec prodest.* Un règlement qui s'imposerait à l'acquéreur actuel et aux acquéreurs à venir dépasserait la portée d'une *lex venditionis* : nous avons sur ce point des textes catégoriques (2). Un pareil règlement ne se concevrait que sous forme de constitution d'un droit réel, mais il est impossible d'attribuer ce caractère aux clauses d'un contrat fixant les redevances imposées aux colons (3). Par suite l'explication de M. Toutain, telle qu'elle est présentée, est insoutenable.

Ce qu'un vendeur ordinaire ne peut faire, les procurateurs impériaux ont-ils le droit de l'imposer? On a prétendu que les censeurs, tout au moins, pouvaient insérer dans leurs *leges* des clauses obligatoires pour les tiers (4). On a cité à l'appui une *lex censoria* rapportée par Alfenus Varus et un passage de la *lex metalli Vipascensis*. La première défend à toute personne autre que l'adjudicataire d'extraire et d'exporter de l'île de Crète des pierres à aiguiser (5); la seconde interdit aux *tonsores* d'exercer leur profession à Vipasca au préjudice de l'adjudi-

(1) Entre l'acheteur et le colon, il n'existe pas de rapport direct. Serv., Tub. ap. Ulp. 32 ad Ed. D. XIX, 1, 13, 30.

(2) Scaev. 7 Dig. D. XVIII, 1, 81, 1 : *Lucius Titius promisit de fundo suo centum milia modiorum frumenti annua praestare praediis Gaii Seii : postea Lucius Titius vendidit fundum additis verbis his : « quo jure, quaque conditione ea praedia Lucii Titii hodie sunt, ita veneunt, itaque habebuntur ». Quaero, an emptor Caio Seio ad praestationem frumenti sit obnoxius? Respondit, emptorem Caio Seio secundum ea quae proponerentur obligatum non esse.*

(3) Paul. 13 Resp. D. XXXIII, 1, 12 : *Gaius Seius praedia diversis pagis Maeviæ et Seiae legavit, et ita cavit : praestari autem volo ex praediis Potitianis praediis Lutatianis annua harundinis milia trecena et salicis mundæ annua librarum singula milia. Quaero an id legatum defuncta legataria exstinctum sit. Paulus respondit, servitutem jure constitutam non videri, neque in personam, neque in rem.* Cf. une *lex fundi vendendi* dans Javol. 4 ex Poster. Lab. D. XVIII, 1, 77; une *lex prædiorum vendendorum* dans Pomp. 6 ex Plaut. D. XLVII, 12, 5.

(4) Heyrowsky, *Ueber die rechtliche Grundlage der* leges contractus, p. 86.

(5) Alf. 7 Dig. D. XXXIX, 4, 15 : *Ne quis præter redemptorem post idus Martias cotem ex insula Creta fodito neve eximito neve avellito.*

cataire (1). Mais ces clauses n'ont aucun rapport avec celles qui nous occupent; elles ont pour but d'assurer un monopole et non de porter atteinte à un droit de propriété.

Cette explication écartée, la difficulté n'est pas pour cela résolue. De ce qu'on n'a pas réussi à interpréter d'une façon satisfaisante l'intervention des procurateurs pour régler la situation des colons résidant sur un domaine privé, nous n'en concluons pas qu'il s'agit nécessairement d'un domaine impérial. Nous disons seulement que c'est l'hypothèse qui permet d'interpréter d'une façon plausible l'ensemble de l'inscription.

Le doute vient de ce que notre *lex* impose aux colons des prestations au profit des *domini :* ce pluriel ne serait pas exact s'il s'agissait d'un domaine appartenant à Trajan. Nous avons attribué cette singularité de rédaction à un emprunt trop littéral fait, en certains passages de notre *lex*, au texte de la *lex Manciana* (2). Les procurateurs impériaux annoncent que leur règlement est fait *ad exemplum legis Mancianæ*; ils s'y réfèrent plusieurs fois dans la suite, aux §§ 1, 2, 5, 6, 7 et 14. Rien d'etonnant qu'ils aient reproduit en partie les termes du modèle qu'ils avaient sous les yeux, en les accommodant autant que possible à la situation nouvelle du domaine. Ils ont en conséquence supprimé presque partout le mot *domini* qui n'a subsisté par mégarde que dans un petit nombre de passages. Cette solution, que M. Gsell a également proposée dans sa *Chronique archéologique Africaine* (3), avant de connaître le Mémoire que nous avions lu à l'Académie des inscriptions, a été favorablement accueillie (4). On a calculé que le mot *domini* a été supprimé 19 fois sur 24 (5). Il y a là un fait matériel

(1) *C. I. L.*, II, 5181, l. 37 : *Conductor ita frui debeto ita, ne alius in v[ico metalli Vipascensis inve] territoris ejus tonstrinum quaestus causa faciat.*

(2) Cf. notre Mémoire sur *Le colonat partiaire*, p. 63.

(3) Année 1898, p. 108; 1899, p. 49, n. 4.

(4) Cf. H. Monnier, *Nouv. Revue historique de droit*, 1898, p. 401-402. Ch. Lescœur, *Bulletin critique*, 1898, p. 121; J. Lefort, *Revue générale de droit*, 1898, t. XXII, p. 473. H. Erman, *Centralblatt für Rechtswissenschaft*, 1898, p. 176. O. Seeck, *Zeitschrift für social-und Wirthschaftsgeschichte*, t. VI, p. 323.

(5) Une autre singularité de rédaction [et peut-être la même inadvertance se manifestent à un autre point de vue : les dispositions du règlement sont presque partout conçues au futur. Il y a pourtant au moins deux passages

qui ressort du texte même de l'inscription et qui ne saurait passer inaperçu. Pourquoi les procurateurs ont-ils omis presque partout la mention des *domini*, si ce n'est parce qu'elle n'était plus utile? Dans l'opinion contraire, où cette mention aurait conservé son utilité, cette omission serait incompréhensible.

Resterait à savoir ce qu'est cette *lex Manciana* qui servit de modèle au règlement des procurateurs. Ici le doute s'impose : aussi avons-nous eu soin de ne nous appuyer sur aucune des conjectures proposées pour le résoudre. Nous nous sommes contenté de signaler un fait matériel visible sur la pierre de notre inscription. Quant au fond de la question, deux hypothèses sont possibles : ou bien la *lex Manciana* est un acte de l'autorité législative, ou c'est une *lex locationis* établie par un propriétaire pour son domaine et que d'autres propriétaires peuvent prendre pour modèle, s'ils jugent qu'elle donne de bons résultats.

L'existence de pareilles *leges locationis*, fixant d'une manière permanente les redevances exigées par un propriétaire de ses colons partiaires ou de ses fermiers, est attestée par un curieux extrait d'un testament cité par un jurisconsulte contemporain de Marc-Aurèle, Scaevola : *Liberto suo ita legavit : praestari volo Philoni, usque dum vivet, quinquagesima[s] omnis reditus, quae [de] praediis a colonis vel emptoribus fructus ex consuetudine domus meae praestantur* (1). Comme l'a très bien expliqué Cujas (t. VII, col. 1293), la distinction, établie par le testateur entre les *coloni* et les *emptores fructus* correspond à celle des colons partiaires et des *conductores*. Les redevances dont ils sont tenus sont déterminées par un règlement que le testateur appelle *consuetudo domus meae*. D'où il suit que les clauses de ce règlement étaient fixées une fois pour toutes : colons ou fermiers qui venaient sur le domaine savaient d'avance à quoi ils étaient tenus, d'après l'usage du propriétaire. Or la *lex Manciana* est, à deux reprises, qualifiée *consuetudo Manciana*. On pourrait donc la considérer comme une *lex locationis* usitée sur le *fundus Mancianus* et qui servit de modèle pour le *fundus Variani*.

(IV, 18 et 21) où les procurateurs ont laissé subsister l'impératif qui devait se trouver dans la *lex Manciana*.

(1) Scaev. 22 Dig. D. XXXIII, 1, 21.

Mais entre une *lex locationis* et la *lex Manciana*, il semble y avoir une différence qui ne permet pas de les identifier : si nous jugeons de la *lex Manciana* d'après le règlement des procurateurs qui l'ont prise pour modèle, cette *lex* aurait fixé la condition des colons d'une manière définitive, sans qu'ils aient à se préoccuper des changements de propriétaires qui pourraient se produire dans l'avenir. Or une *lex locationis*, alors même qu'elle forme une *consuetudo* comme celle qui est mentionnée dans le testament précité, n'est pas opposable à l'acquéreur en cas d'aliénation du fonds. C'est précisément ce qui donna lieu au procès sur lequel Scaevola fut consulté.

Cette différence entre la portée de la *lex Manciana* et celle d'une *lex locationis* nous a conduit à penser (1) que la *lex Manciana* est une loi qui régla les rapports des propriétaires et des colons lorsque l'État crut devoir aliéner tout ou partie des terres qu'il avait conservées en Afrique. Nous ignorons d'ailleurs si c'est une *lex rogata* ou une *lex dicta* analogue à ces *leges condicionibus agrorum dictae*, dont parlent Labéon (2), Paul (3) et les *Gromatici veteres* (4). Cette conjecture, qui dans l'état actuel paraît la plus plausible, ne doit, bien entendu, être accueillie que sous réserve : on ne saurait être affirmatif lorsqu'on parle d'une *lex* sur lequel on n'a pas de renseignements directs. Mais de toute façon et quelle que soit la solution qui se trouve vérifiée, l'application de la *lex Manciana* à un domaine impérial a dû contribuer à transformer la situation des colons. Si, comme tout porte à le croire, le règlement des procurateurs fut édicté pour un domaine de l'empereur, il y a lieu de penser qu'on en fit profiter d'autres colons que ceux du *fundus Variani*.

(1) Cf. notre Mémoire sur le *Colonat partiaire*, p. 63.

(2) Ap. Ulp. 53 ad Ed. D. XXXIX, 3, 1, 23.

(3) 16 ad Sab. *eod.* 23 : *Quod principis aut senatus jussu aut ab his, qui primi agros constituerunt, opus factum fuerit, in hoc judicium non venit.*

(4) P. 117, 118, éd. Lachmann. Le nom de la *lex Manciana* ne paraît pas emprunté, suivant l'usage, au nom gentilice de son auteur (Cf. Beaudouin, *Nouv. Rev. hist.*, t. XXI, p. 38 [116, n. 2]). Mais les *Gromatici veteres* fournissent des exemples de noms de lois formés d'une manière analogue : *lex Gracchana, Sullana, Caesariana, Augustiana* (Cf. Moritz Voigt, *Röm. Rechtsg.*, II, 158). La *lex data* est très rarement désignée par le nom de son auteur (Cf. Mommsen, *Röm. Staatsr.*, III, 315, n. 3).

§ 7.

Nous en avons assez dit pour montrer que la méthode préconisée par M. Toutain pour l'interprétation des documents juridiques consiste à faire abstraction des termes de comparaison que nous fournissent les textes déjà connus (1) et à ne tenir aucun compte des principes les plus élémentaires du droit. Il est temps d'examiner les critiques qu'il adresse à la méthode des juristes. Ces critiques sont au nombre de trois.

Et d'abord les juristes ne voient dans chaque fait que l'application d'un droit général. Cette critique est surtout motivée par l'interprétation donnée à trois paragraphes de notre *lex*, relatifs l'un au *jus colendi*, les autres à la redevance payée par les colons pour le miel recueilli sur le fonds, et à la fraude commise par les colons qui transportent hors du fonds les ruches, essaims ou vases à miel.

1° Le règlement accorde aux colons qui défrichent les terres incultes du domaine un droit qualifié *jus colendi* et qui s'éteint par un non-usage de deux ans. « C'est là, dit M. Toutain (2) un fait ou si l'on veut un mode d'exploitation stipulé par les procurateurs impériaux qui ont rédigé notre *lex*. Sur un domaine voisin, des terres incultes du même genre pourraient fort bien être traitées autrement. Rien ne nous permet, en bonne méthode historique, de voir là autre chose qu'une disposition particulière au *fundus Villae Magnae Variani* ».

M. Toutain ne paraît pas se rendre compte des limites que comporte la liberté des conventions. Il pense qu'on peut toujours conférer à la personne avec laquelle on contracte un droit

(1) Ces textes lui auraient été fort utiles pour justifier la restitution d'un texte mutilé de notre inscription relatif au *servus coloni*. D'après cette restitution les colons employaient des esclaves pour les aider dans la culture. Ce fait, qui a été révoqué en doute, est confirmé par un texte d'un jurisconsulte contemporain de Trajan. Neratius parle d'un *fornacarius servus coloni* (ap. Ulp. 18 ad Ed. D. IX, 2, 27, 9) : *Si fornacarius servus coloni ad fornacem obdormisset et villa fuerit exusta, Neratius scribit ex locato conventum praestare debere, si negligens in eligendis ministeriis fuit.* Le colon est responsable envers le propriétaire s'il ne choisit pas avec soin les esclaves qui doivent lui servir d'auxiliaires.

(2) P. 310 [60].

quelconque, alors même qu'il serait incompatible avec la nature du contrat (1). Il ne voit pas de difficulté à reconnaître à un colon un droit sur la terre qu'il cultive. C'est pourtant un fait jusqu'ici sans exemple pour l'époque où fut rédigée notre inscription. Le colon n'a en principe qu'un droit de créance contre le bailleur ; il ne peut s'en prévaloir contre les tiers. Notre règlement au contraire attribue aux colons des terres incultes un droit qui ne s'éteint que par le non-usage, c'est-à-dire par un mode propre aux droits réels. Or il n'est pas au pouvoir d'un particulier de créer à sa guise un droit réel : la loi n'autorise qu'un très petit nombre de restrictions à la liberté des fonds de terre. Voilà comment la mention du *jus colendi* dans notre inscription nous permet de dire que c'est un droit qui a dû avoir d'autres applications. Les lois ne sont pas faites pour un cas particulier : elles peuvent être invoquées par tous ceux qui y ont intérêt. Nous ne prétendons pas que le *jus colendi* existe dans toutes les propriétés d'Afriqúe : nous disons seulement que, ce droit une fois reconnu, le propriétaire qui a voulu l'établir sur son domaine a pu le faire légalement (2).

2° M. Toutain discute longuement la clause relative à la récolte du miel. Les colons sont-ils débiteurs d'une quotité ou d'une quantité? La question n'a qu'un intérêt secondaire. La traduction proposée pour le mot *alveus* confirme d'ailleurs notre manière de voir : un setier par ruche, c'est une quantité. M. Toutain ne serait pas éloigné de le reconnaître, s'il n'était préoccupé d'écarter la conclusion qu'on en peut tirer quant à la nature du colonat partiaire. « La différence très légère qui sépare, en ce qui concerne le caractère de la prestation, la clause relative au miel des autres clauses, doit-elle

(1) Les actes *contra naturam contractus* sont nuls. Jul. 15 *Dig*. ap. Ulp. 32 ad Ed. D. XIX, 1, 11, 18. Jav. 2 ex Plaut. D. XXI, 2, 60. Pap., 9 quaest. D. XVI, 3, 24. Ulp. 4 ad. Ed D. II, 4, 7, 5.

(2) L'expression *jus colendi* peut être rapprochée de celle de *jus arandi, serendi pangendive* de l'inscription de Chagnon (*C.I.L.*, XIII, 1623). On n'hésite pas à voir dans ce droit une limitation du droit de propriété des riverains (Girard, *Textes*, 747). Cette limitation fut établie par un sénatus-consulte et par une loi du temps d'Auguste pour la protection des aqueducs de Rome (Frontin. *De aquis*, 127. Cf. Héron de Villefosse, *Bull. de la Soc. des Antiquaires*, 1887, p. 155). Hadrien en a étendu l'application à l'aqueduc de Lyon.

nous induire à conclure avec M. Cuq que l'exploitation d'un fonds par des *coloni partiarii* n'était qu'une forme de louage? Pouvons-nous ainsi passer d'un seul fait précis à une formule générale, dont ce fait ne serait qu'une application particulière. La méthode nous semble périlleuse (1) ».

Assurément, s'il n'y avait d'autre raison à alléguer, ce serait insuffisant. Mais les juristes n'ont pas l'habitude, quoi qu'en pense M. Toutain, de conclure sans preuve du particulier au général. Le texte précité a été invoqué uniquement pour montrer que le colonat partiaire est un louage et non une application du contrat de société. Parmi les preuves qui existent en dehors de notre inscription nous en citerons une seule, un passage de Varron (2) qui rapporte un exemple de louage de ruches moyennant une quantité fixe de livres de miel : *Alvearia sua locata habet quotannis quinis millibus pondo mellis.*

3° La disposition suivante de notre inscription prévoit une fraude commise par des colons qui transportent *in octonarium agrum* les ruches, essaims, vases à miel avec leur contenu. Cette fraude est punie par l'attribution de tous ces objets au propriétaire ou à ses ayants droit.

Cette clause nous a paru intéressante à deux points de vue : elle nous apprend d'abord que ces objets ne faisaient pas partie de l'*instrumentum fundi* au début du IIe siècle, contrairement à l'opinion émise par les Sabiniens et qui prévalut, un siècle plus tard, au temps d'Ulpien; elle nous fait connaître ensuite une pénalité peu commune qui consiste dans l'attribution des objets détournés à la victime de la fraude.

M. Toutain s'étonne que l'on trouve tant de choses dans une clause relative à des ruches. Il en prend occasion pour attaquer la méthode des juristes et pour faire ressortir la supériorité de la sienne. Les « nouvelles observations » sont curieuses à ce point de vue, et nous recommandons la lecture de ce passage à qui voudra apprécier la dialectique de notre auteur.

Sur la première question les juristes disent : si la fraude est punie par l'attribution des ruches au bailleur, c'est qu'il n'en

(1) P. 289 [39].
(2) *De re rust.*, III, 16, 10.

avait pas jusqu'alors la propriété, sans quoi le transport de ces objets hors du domaine constituerait un vol (*contrectatio rei lucri faciendi causa*) et non pas seulement une fraude. Donc les ruches, etc., n'étaient pas à cette époque comprises dans l'*instrumentum fundi* (1). D'ailleurs s'il y avait vol, la peine ne serait pas normale : au lieu de s'élever au double de la valeur de la chose volée, elle consiste à priver le colon de sa part de miel. Nous ne tenons pas compte de l'obligation de restituer les objets volés, car les Romains ne considèrent pas la restitution comme une peine; elle donne lieu à une action distincte de l'action pénale. Est-il besoin d'ajouter que si les rédacteurs de notre *lex* avaient entendu parler d'une obligation de restituer, ils auraient employé une toute autre formule que celle de *conductoribus villicorumve in assem* (*ejus*) (*fundi*) *erunt?*

M. Toutain raisonne autrement : il n'admet pas les variations de jurisprudence; les controverses entre Sabiniens et Proculiens lui sont indifférentes; il n'hésite pas à prendre l'opinion d'Ulpien, qui écrivait sous Caracalla, pour l'expression du droit en vigueur sous le règne de Trajan (2). Les ruches, essaims, vases à miel ont de tout temps fait partie de l'*instrumentum fundi;* le bailleur en a la propriété, le colon n'en a que la détention (3). Mais alors en quoi consiste la peine encourue par les auteurs de la fraude? « Le *colonus* qui aura voulu garder pour lui seul, au mépris du règlement, une récolte dont il doit une partie, en sera totalement privé, et, en outre, il perdra la source même de ce revenu, c'est-à-dire les ruches et les essaims; les propriétaires, gérants ou locataires, qu'on aura voulu

(1) Un fragment de Neratius (ap. Paul. 3 ad Nerat. D. XXXIII, 7, 24) prouve qu'au temps de Trajan, l'*instrumentum fundi* peut appartenir, tout au moins en partie, au colon : *Fundus qui locatus erat, legatus est cum instrumento. Instrumentum, quod colonus in eo habuit, legato cedit.* Paul ajoute cette note : *An quod coloni fuit an tantum id quod testatoris fuit? Et hoc magis dicendum est, nisi nullum domini fuit.* Au temps de Cicéron (*Verr.* III, 21), les riches fermiers de Sicile fournissaient tout l'*instrumentum.*

(2) P. 292 [42].

(3) Le texte précité ne comporte pas cette distinction. M. Toutain lui-même n'a pas tenté de l'introduire dans sa traduction : « [Les ruches], avec les essaims, les abeilles, les vases à miel qui [y seront] *appartiendront* aux locataires » (t. XXI, p. 381). Donc la propriété des ruches, aussi bien que celle du miel, est transférée aux *conductores* qui jusqu'alors n'avaient ni l'une ni l'autre.

frustrer de la part de miel à laquelle ils ont droit, recevront, au contraire, toute la récolte et posséderont seuls dans l'avenir la source de ce revenu, les ruches et les essaims. Il est certain que la sanction est rigoureuse. Le *colonus*, coupable d'avoir commis cette tentative (?) de fraude, est durement frappé... Tout est perte pour l'un, tout est gain pour l'autre ou pour les autres (1). »

Nous avouons ne pas comprendre comment un propriétaire réalise un gain en recouvrant des objets qui n'ont pas cessé de lui appartenir; comment un colon est puni en se voyant enlever des objets qui n'ont jamais été à lui (2). Il nous semble que, sauf quant à la part de miel qui devait revenir au colon et qui est donnée au bailleur (3), leur situation respective ne sera ni meilleure ni pire : le bailleur cherchera un autre colon pour exploiter ses ruches, le colon un autre bailleur qui lui fournira des ruches, essaims, vases à miel.

Il y a d'ailleurs une difficulté que M. Toutain n'a pas aperçue : comment le *conductor* recouvre-t-il ses ruches ou acquiert-il la propriété du miel sans tradition? C'est une dérogation à une règle bien connue (4). Il y a, il est vrai, quelques exceptions, mais si peu nombreuses que la recherche est très circonscrite. En dehors du cas prévu par Caton et sur lequel nous nous sommes appuyé, il n'y a que les cas de *commissum* visés dans les *leges censoriae* (5) ou dans la *lex metalli Vipascen-*

(1) P. 290 [40] et 293 [43].

(2) C'est aussi l'appréciation de notre collègue, M. Henry Monnier. « L'objection est vraiment forte, dit-il, et ne laisse, à mon estime, rien subsister de la remarque de M. Toutain » (*Nouv. Revue histor.*, t. XXII, p. 398).

(3) L'attribution de la récolte tout entière au bailleur est, à elle seule, une peine sévère : un passage des *Verrines* le prouve. Cicéron (*Verr.*, III, 21), supposant une fraude commise par un fermier sicilien au préjudice de l'adjudicataire de la dîme, considère comme possible, à la rigueur, que la *Lex censoria* attribue à cet adjudicataire toute la récolte et non pas seulement *decumam debitam, frumentum remotum et celatum.* Si Verrès lui-même n'a pas songé à dépouiller le fermier de l'*instrumentum* qu'il a fourni, c'est que le *decumanus* ne s'était pas, comme le bailleur d'un fonds rural, réservé un droit de gage sur tout ou partie des *invecta et illata.*

(4) Diocl., *C. J.*, II, 3, 20.

(5) Varr. *R. r.*, II, 116. Ulp. 8 Disp. D. XXXIX, 4, 14 : ..... *Quod commissum est, statim desinit ejus esse qui crimen contraxit, dominiumque rei vectigali adquiritur.*

sis(1). Mais ce sont des hypothèses tout à fait spéciales : le publicain invoque un droit que l'État lui a cédé pour faciliter le recouvrement de l'impôt, le *tonsor*, un monopole créé à son profit.

La méthode, suivie par M. Toutain, ne donne pas un résultat plus satisfaisant sur la question de savoir en quoi le transport *in octonarium agrum* est préjudiciable au bailleur. Nous avons cherché dans les documents déjà connus s'il existait des dispositions analogues. Le *de re rustica* de Caton nous a fourni un exemple de détournement de fruits commis par celui qui était chargé de faire la récolte : la peine est pécuniaire et relativement faible ; ce n'est pas le cas de notre inscription. Il nous a fourni également un exemple de transport en dehors du fonds des ustensiles servant à faire la récolte, transport effectué au préjudice du propriétaire par l'acheteur de la récolte. Ici la peine est précisément celle qui est édictée par notre *lex*. Il est donc permis de conjecturer que le même effet provient de la même cause. Or, dans Caton, la peine est motivée par l'atteinte portée au droit de gage du bailleur sur les ustensiles de l'acheteur de fruits. Sans doute le texte qui nous est parvenu ne mentionne pas expressément une convention de gage ; cela tient à ce que les rédacteurs de l'inscription n'ont pas entendu reproduire intégralement la *lex locationis*.

Écoutons maintenant M. Toutain. L'hypothèse d'un droit de gage appartenant au bailleur sur les ruches, essaims, vases à miel, lui paraît une généralisation (?) dangereuse, et voici pourquoi : « M. Cuq fonde sur une clause spéciale aux ruches et à l'apiculture un développement qui n'est pas particulier à ce genre d'exploitation... Si c'est bien pour sauvegarder le droit de gage du propriétaire que cette clause est ici introduite, pourquoi des clauses identiques ne sont-elles pas stipulées, en ce qui concerne les céréales, pour les charrues, les herses, les fléaux à battre, etc., ou en ce qui concerne le vin et l'huile pour tous les ustensiles qui servent à la récolte des fruits et à la fabrication (2) ? »

Nous n'avons eu garde de faire la généralisation qu'on

(1) *C.I.L.*, II, 5181, l. 39 : *Ferramenta commissa conductori sunto*. Cf. pour l'époque postérieure à Trajan, les deux cas prévus l'un par un décret, l'autre par un *oratio* de Marc-Aurèle, D. IV, 2, 13 ; XVII, 2, 52, 10.

(2) P. 291 [41].

nous prête. Au temps de Trajan, il n'existe pas au profit du bailleur d'un fonds rural un droit de gage général sur les *invecta et illata*. Seule, la volonté des parties peut faire naître un droit de gage spécial sur tel ou tel objet. Suivant leurs convenances, les contractants stipulent ou non un droit de gage, tantôt sur les ruches, tantôt sur tout autre objet appartenant au colon : ils sont entièrement libres (1). Si les rédacteurs de notre *lex* n'ont parlé que des ruches, essaims, vases à miel, c'est qu'ils ont jugé cette clause inutile pour tout autre objet. Cette conclusion n'est donc pas incompatible avec la conjecture que nous a suggérée le *de re rustica* de Caton : elle trouve dans le rapprochement des deux textes, un fondement solide et une justification.

M. Toutain arrive à la même conclusion par une voie différente : au lieu de s'appuyer sur les textes, il procède par voie de raisonnement(?) Suivant lui, on a voulu prévenir « une fraude qui était possible en apiculture et qui n'était possible qu'en apiculture... Les ruches, les essaims, les abeilles... sont des objets mobiliers ; il est facile de les transporter d'un fonds dans un autre (2) ». Mais les ustensiles aratoires ou autres qui servent à la culture des céréales ou de la vigne sont dans le même cas ! Ce sont des meubles susceptibles d'être transportés d'un fonds dans un autre. La fraude serait donc possible ailleurs qu'en apiculture. Une distinction se conçoit d'autant moins que, dans l'opinion de notre auteur, les ruches, etc., sont comprises, comme les ustensiles aratoires ou autres, dans l'*instrumentum fundi*. La suite du raisonnement est bien étrange : « Au contraire, est-il dit, le sol qui produit le blé, l'orge, les vignes et les oliviers ne peut pas être transporté ». Nous n'en doutons point, mais le sol n'est pas un *instrumentum fundi*, c'est le *fundus* lui-même (3) ! Comment établir une comparaison entre deux termes aussi dissemblables ? On peut juger par là de la valeur de la méthode suivie par M. Toutain.

(1) Cf. notre Mémoire, p. 53, n. 2, où nous avons cité le témoignage d'un contemporain de Trajan, Neratius.

(2) P. 291 [41].

(3) Cass. ap. Ulp. 20 ad Sab. D. XXXIII, 7, 12, 11 : *Ea vero quae solo continentur instrumenti fundi non esse Cassius scribit... quia fundus fundi instrumentum esse non potest.*

§ 8.

La seconde critique qu'il adresse aux juristes, c'est qu'ils envisagent les droits du dehors; ils s'attachent à leurs caractères extérieurs, à leur construction. « La similitude de ces caractères extérieurs prend à leurs yeux une haute importance; elle suffit à entraîner à elle seule la similitude des faits historiques ou économiques, considérés uniquement comme indices de l'existence des droits... C'est là une méthode des plus dangereuses » (1).

Le reproche que M. Toutain adresse aux juristes est nouveau. Jusqu'ici on était plutôt disposé à leur faire un grief d'analyser trop profondément les faits auxquels le droit s'applique et de saisir des nuances là où l'œil d'un profane n'aperçoit qu'une teinte uniforme. Le reproche n'est d'ailleurs pas plus fondé que si l'on blâmait un physicien, par exemple, de décomposer la lumière blanche par le prisme et de montrer qu'elle n'est pas homogène. Avons-nous donc changé au point de n'être pas reconnaissables? Nullement, mais M. Toutain a oublié que la première qualité d'une construction est la solidité. Une construction juridique bien faite doit reposer sur une base solide et pour cela pénétrer au cœur d'une institution, saisir et mettre en relief ses caractères essentiels pour qu'on ne puisse la confondre avec toute autre institution, quelque semblable qu'elle apparaisse à l'observateur inexpérimenté. M. Toutain confond par exemple un droit réel avec un droit de créance, une restriction au droit de propriété avec un engagement personnel pris par un acheteur et non opposable aux tiers. Il prend l'apparence pour la realité, et il a la prétention d'alléguer « des faits juridiques unanimement reconnus! » (2).

Cela ne nous étonne pas outre mesure, et quand nous l'entendons parler de « faits très simples, très clairs, très naturels » (3) qu'il veut substituer aux rapports plus complexes que le droit nous révèle, notre pensée se reporte involontairement au chapitre dans lequel Ihering a si finement caracté-

(1) P. 310 et 311 [59, 60].

(2) P. 152 [16].

(3) P. 168 [32].

risé « les appréciations divergentes du juriste et de l'homme du monde » (1).

§ 9.

La troisième critique adressée aux juristes, c'est d'attacher trop d'importance aux mots employés dans les textes. M. Toutain aurait-il changé d'opinion? Il y a deux ans, il avait pris pour épigraphe de son mémoire cette phrase d'Hygin : *Leges semper curiose perlegendæ interpretandaeque erunt per singula verba*. Aujourd'hui il répudie cette maxime si raisonnable. « Il est indispensable pour bien comprendre un texte de ne point s'arrêter aux termes du texte; il faut aller, au delà des mots et des phrases, jusqu'aux faits qu'expriment ces mots et ces phrases, se représenter ces faits dans la pratique, les évoquer, pour ainsi dire, en action. Alors seulement on discutera sur des réalités concrètes, et non sur de pures expressions (2) ».

M. Toutain confond évidemment un texte juridique avec un texte littéraire. Certes nous aussi, nous cherchons à saisir sous l'écorce des mots la réalité, et nous espérons l'atteindre d'autant plus sûrement que la langue du droit n'est pas flottante, comme celle des poëtes ou des orateurs. Les Romains ont senti de bonne heure le besoin de donner aux termes employés dans les actes juridiques un sens précis; c'est le plus sûr moyen de prévenir les contestations. Aussi n'avons-nous pas, pour interpréter un document juridique, la même latitude que pour une œuvre d'imagination. Il est impossible de faire abstraction du sens traditionnel attribué aux termes employés dans les contrats sans s'exposer à des contre-sens.

Vainement M. Toutain prétend-il que « les mots et les expressions ne sont que les signes extérieurs des faits. S'arrêter à ces signes, vouloir les commenter, c'est tomber dans un véritable psittacisme (3) ». La question est de savoir si, là où il ne voit que de signes, il n'y a pas des réalités. M. Toutain montre trop clairement dans son commentaire que la valeur quantitative des termes de droit lui échappe. Les Romains sont passés maîtres dans l'art de condenser en un seul mot beau-

(1) *Geist des römischen Rechts*, trad. franç., t. III, p. 10 à 12.

(2) P. 413 [73].

(3) P. 413 [74].

coup d'idées. Chaque terme de droit exprime en raccourci, éveille dans l'esprit une série de propositions nettement définies : c'est ce qui fait la difficulté de la langue de droit, et ce n'est pas assez d'avoir un goût littéraire très sûr pour en saisir les nuances. La science du droit a eu à Rome ses principes et ses théories : une connaissance parfaite de la technique de l'épigraphie ou même de l'histoire générale ne suffit pas pour en pénétrer le sens, surtout lorsqu'il s'agit de théories comme celles des droits réels ou des contrats.

L'un des anciens maîtres de M. Toutain nous écrivait, il y a quelques années, qu'il considérait décidément la matière des obligations comme « un fourré » où il était prudent de ne pas s'engager. Il s'exagérait la difficulté, mais il exprimait d'une façon pittoresque qu'il avait conscience de la complexité des problèmes juridiques. Pourquoi M. Toutain n'a-t-il pas profité de l'expérience de ses maîtres et s'est-il aventuré sur un terrain qui ne lui est pas familier?

IMPRIMERIE
CONTANT-LAGUERRE
LVX VITAM
BAR-LE-DUC

www.ingramcontent.com/pod-product-compliance
Ingram Content Group UK Ltd.
Pitfield, Milton Keynes, MK11 3LW, UK
UKHW020429220726
13923UKWH00005B/2145